Ingrid Uebe

Paula und Struppi

Mit Zeichnungen von
Sabine Scholbeck

Hase und Igel®

Ingrid Uebe

Paula und Struppi

Paula und Struppi
sind dicke Freunde.
Sie halten zusammen
wie Pech und Schwefel.
Trotzdem sieht Struppi
manche Dinge
ganz anders als Paula.

Dies ist die Geschichte
von Paulas Geburtstag.
Paula und Struppi
wollen sie unbedingt
alle beide erzählen.
Jeder auf seine Art!

Ich bin Paula.

Mein Hund heißt Struppi.

Sein Fell ist nämlich

sehr struppig.

Da helfen nicht mal

Kamm und Bürste.

Struppi hat krumme Beine

und enorm lange Ohren.

Schön ist er nicht.

Aber ich finde ihn süß!

Wenn Struppi Angst hat,

kommt er zu mir

und hockt sich auf meine Füße.

Ich beschütze ihn nämlich

vor jeder Gefahr.

Ich bin Struppi
und gehöre zu Paula.
Ich passe immer
gut auf sie auf.
Ich sehe toll aus
und fürchte mich nie!

Letzten Sonntag
hatte ich Geburtstag.
Auf meinem Gabentisch
lagen schöne Geschenke:
ein Leuchtball,
ein Armband,
eine Wasserpistole,
ein Märchenbuch
und ein Kartenspiel.
Auf dem Kuchen in der Mitte
brannten acht Kerzen.
Wir wollten den Kuchen
erst am Nachmittag essen.
Ich freute mich schon sehr
auf meine Party!

Paula bekam neulich
einen Kuchen mit Kerzen.
Keine Ahnung, warum!
Ich kriege nie Kuchen!
Angeblich ist Süßes
schädlich für Hunde.
Ich halte das
für ziemlichen Unsinn!

Zu meiner Party
kamen sechs Kinder,
jedes mit einem Geschenk.

Struppi zerfetzte entzückt
das Geschenkpapier.

Nachmittags kam
eine Menge Besuch.
Alle brachten etwas mit.
Ich half Paula auspacken.

Als wir uns
an den gedeckten Tisch setzten,
sangen meine Freunde:
„Paula hat Geburtstag."
Das gefiel Struppi gar nicht.
Er jaulte ganz schrecklich,
bis es vorbei war.

Dann sang ich für sie
mit den anderen ein Lied.
So gut und so laut wie ich
sang sonst keiner.

Später machten wir
im Garten eine Schatzsuche.
Mama verriet uns,
dass der Schatz eine Truhe
mit süßen Goldmünzen war.

Papa hatte überall
kleine Hinweise verteilt.
Wir suchten und suchten.
Endlich entdeckte Marie
das Versteck
unter der Himbeerhecke.

21

Leider zu spät!
Struppi hatte den Schatz
nämlich schon ausgebuddelt
und die Münzen im Gras verteilt.

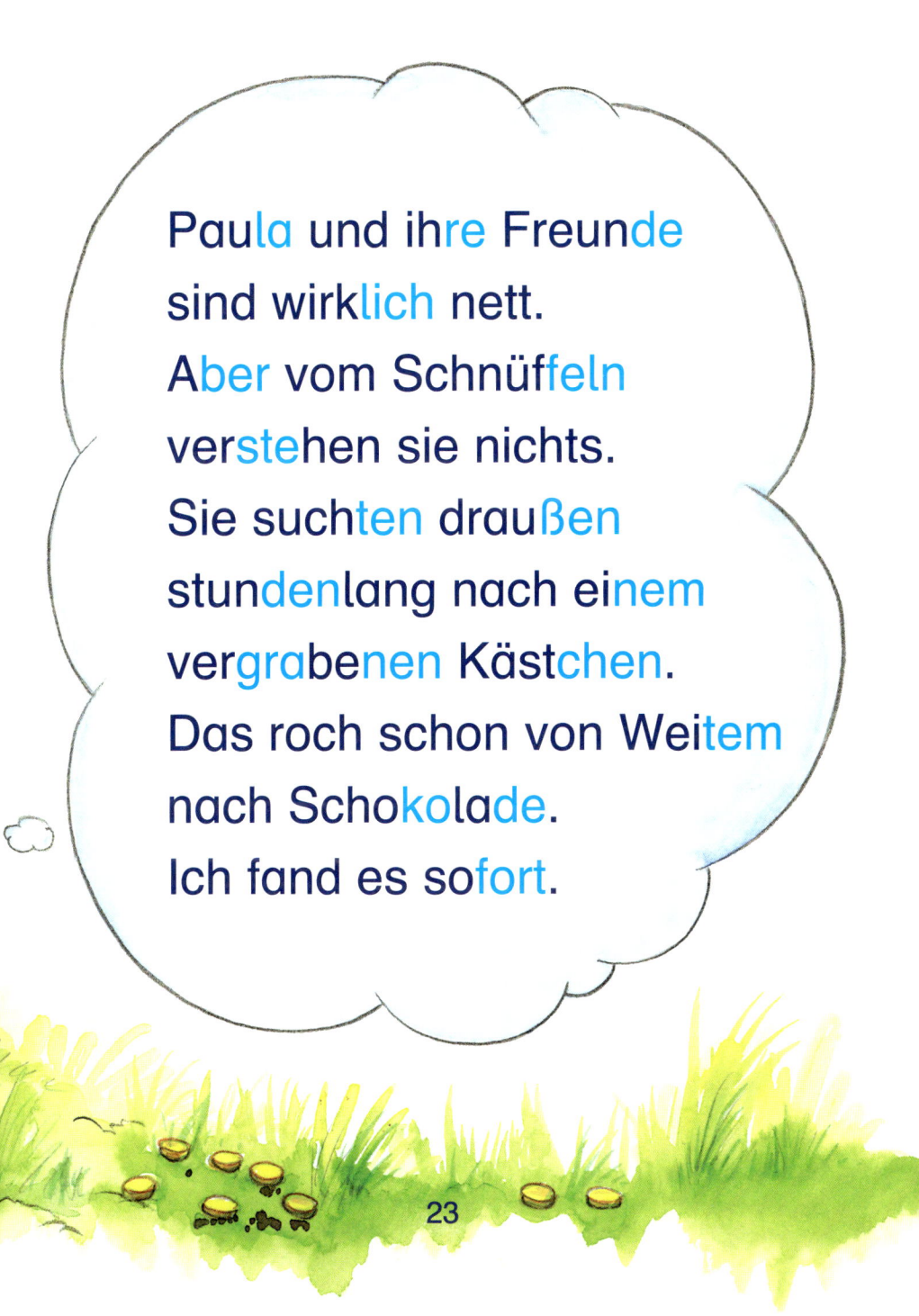

Paula und ihre Freunde
sind wirklich nett.
Aber vom Schnüffeln
verstehen sie nichts.
Sie suchten draußen
stundenlang nach einem
vergrabenen Kästchen.
Das roch schon von Weitem
nach Schokolade.
Ich fand es sofort.

Der Schatz wurde auf der Stelle
verteilt und verspeist.
Nur Struppi ging leer aus.
Von Schokolade
wird er nämlich krank.

Zum Trost holte ich ihm
einen Hundekeks.
Aber den ließ er liegen
und kroch unter den Tisch.
Sicher war er beleidigt.

25

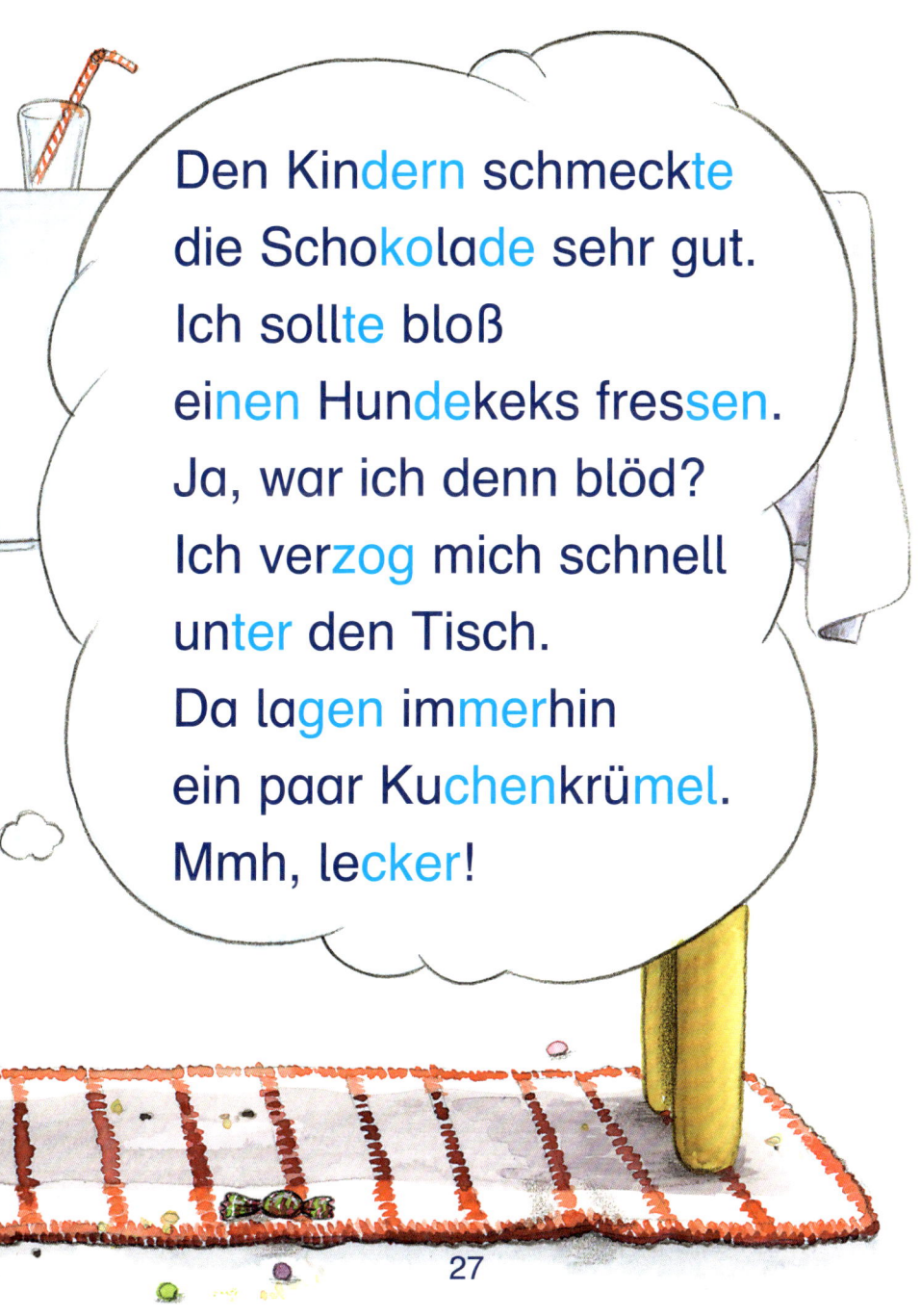

Den Kindern schmeckte
die Schokolade sehr gut.
Ich sollte bloß
einen Hundekeks fressen.
Ja, war ich denn blöd?
Ich verzog mich schnell
unter den Tisch.
Da lagen immerhin
ein paar Kuchenkrümel.
Mmh, lecker!

Alle waren begeistert
von meinem neuen Leuchtball.
Wenn man ihn bewegte,
leuchtete er wirklich
in allen Farben.

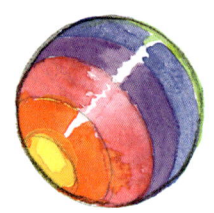

Wir stellten uns im Kreis
auf die Wiese
und warfen uns den Ball
immer abwechselnd zu.
Wer ihn fallen ließ,
musste den Kreis verlassen.
David und ich
blieben als Letzte übrig.
Doch keiner von uns
wurde Sieger.
Struppi verhinderte das.

Das Spiel
mit dem Leuchtball
war sehr spannend.
Natürlich spielte ich mit.
Ich machte wirklich
tollkühne Sprünge.
Endlich fing ich den Ball
hoch in der Luft
und flitzte mit ihm davon.

Struppi wollte den Ball
gar nicht mehr hergeben.
Wir rannten lange vergeblich
hinter ihm her.

Endlich ließen wir uns
erschöpft ins Gras fallen.

Paula und ihre Freunde
rannten viele Runden
hinter mir her.
Das war lustig!
Dann gaben sie auf.
Das war langweilig!

Da kam Struppi
und legte mir den Ball
in die Hand.
Sofort verzieh ich ihm alles.

Bald darauf riefen uns
Mama und Papa ins Haus.
Dort wartete nämlich
eine Überraschung.

Im Wohnzimmer stand
ein echter Zauberer!
Wir erkannten ihn gleich
an seinem Kostüm.
In der Hand hielt er
einen Zauberstab.
Vor ihm auf dem Tisch
lag ein schwarzer Koffer.

Leider mussten wir
bald ins Haus.
Drinnen war
ein fremder Mann.
Er trug
höchst seltsame Sachen
und sah gar nicht nett aus.
Bestimmt hatte er
Böses im Sinn.
Ich ließ ihn
von Anfang an
nicht aus den Augen.

Wir hockten uns auf den Boden
und warteten neugierig
auf die Vorstellung.
Struppi saß dicht neben mir.
Er war anscheinend
genauso gespannt wie wir.

Der Zauberer konnte
ganz wunderbar zaubern.
Er zog Robert
einen Flummi
aus der Nase
und Nina
eine Blume
aus dem Ohr.

Er verwandelte
fünf Tücher
in ein langes Seil
und ließ ein Ei
durch die Luft
schweben.

Er goss Wasser
in eine Tüte aus Zeitungspapier
und zog einen weißen Plüschhasen
aus seinem Zylinder.

Der fremde Mann
war mir unheimlich.
Was er tat,
ging gewiss nicht
mit rechten Dingen zu.
Ich wunderte mich,
dass ihn außer mir
keiner durchschaute.

Zum Schluss
bat mich der Zauberer
um mein neues Armband.

Er warf es in seinen Hut
und ließ uns sofort
hineingucken.

Der Hut war leer!
Das Armband war weg!
Uns stockte der Atem.

Der Zauberer
lächelte.
Er nahm
seinen Zauberstab
und berührte damit den Hut.
Da fielen der Reihe nach
sieben Schokoriegel heraus.
Jedes Kind bekam einen.

Dieser Typ war bestimmt
ein Dieb und Betrüger!
Zuerst stahl er
Paula das Armband.
Dann verteilte er
zur Ablenkung
Schokoriegel.
Ich bekam
natürlich keinen.

Struppi knurrte
und zeigte die Zähne.
Er sah richtig gefährlich aus.
Zuerst schnappte er
nach dem Zauberstab
und dann
nach dem Zylinder.
Er hätte wohl beides
am liebsten
in Stücke zerlegt.

Zum ersten Mal,
seit ich ihn kannte,
beachtete er mich nicht.
Er merkte nicht einmal,
dass mir der Zauberer
mein Armband zurückgab.

Ich war sehr wütend
und das zeigte ich auch.
Ich hätte den fiesen Kerl
am liebsten
ins Bein gebissen.
Leider hielt Paula
mich fest.

Struppi war tatsächlich
ganz aus dem Häuschen.
Aber der Zauberer
lachte darüber und sagte:
„Deinem vierbeinigen Freund
scheint meine Vorstellung
nicht gefallen zu haben.
Mit einer Prise Zauberpulver
werde ich jetzt etwas
nur für ihn machen."

Aus einer kleinen Dose
streute er
ein weißes Pulver
in seinen Zylinder.
Das rührte er mit dem
Zauberstab um.

Auf einmal
tat der Fremde
sehr freundlich.
Aber ich ging ihm
nicht auf den Leim.
Warum salzte er denn
seinen komischen Hut?
Mein Misstrauen wuchs.

57

O Wunder!
Keiner von uns hatte
so ein Kunststück erwartet.
Aus dem Zylinder fielen
diesmal zwei Würstchen,
klein und knackig.
Gerade richtig für Struppi!

Ehrlich gesagt
war ich sehr überrascht!
Aus dem Hut kamen
nämlich zwei Würstchen.
Der Mann gab sie mir.
Mir ganz allein!
Ich fand ihn auf einmal
gar nicht mehr so übel.
Und die Würstchen waren
ganz große Klasse!

Schade, dass Struppi
nicht sprechen kann!
Er hätte sonst sicher
etwas Nettes gesagt.

Aber sein
Schwanzwedeln
freute den Zauberer genauso
wie unser Klatschen.

Das war die Geschichte
von Paulas Geburtstag.
Am Ende sah Struppi
die Dinge tatsächlich
nicht anders als Paula.

Für Lehrkräfte gibt es zu diesem Buch
ausführliches Begleitmaterial beim Hase und Igel Verlag.

MIX
Papier aus verantwor-
tungsvollen Quellen
FSC® C043106

Sonderausgabe mit Silbenhilfe

© 2010/2018 Hase und Igel Verlag GmbH, München
www.hase-und-igel.de
Lektorat: Birgit Fürst
Druck: Grafisches Centrum Cuno GmbH & Co. KG

ISBN 978-3-86760-253-2
5. Auflage 2024